Roy Publicae

Mythos Schuld

Roy Publicae

Mythos Schuld

Deutschland erwache!

Dictus Publishing

Imprint

Cover image: www.ingimage.com

Publisher:
Dictus Publishing
is a trademark of
International Book Market Service Ltd., member of OmniScriptum Publishing Group
17 Meldrum Street, Beau Bassin 71504, Mauritius
Printed at: see last page
ISBN: 978-613-7-35071-3

Inhaltsverzeichnis:

I. Fragestellung .... S. 3

II. Einstimmung .... S. 4

III. Weltkriege .... S. 6

IV. Kaiserreich .... S. 8

V. Judenstaat .... S. 20

VI. Versailles .... S. 37

VII. Ausklang .... S. 46

I. **Fragestellung:**

„Die Hintergründe zu den ersten beiden Weltkriegen sind zu vielschichtig und komplex, als dass wir sie einfach in Schwarz und Weiß einteilen können.

Wer hat angefangen?

Wer waren die \`Schuldigen´?

Wer waren die wirklichen Drahtzieher und welche Absichten verfolgten diese tatsächlich?

Waren es tatsächlich \`nur´ deutsche Nationalsozialisten, die gegen die Zionisten / Juden vorgingen oder steckte da weitaus mehr dahinter?

Waren die Deutschen die allein schuldigen Kriegsverursacher und tatsächlich so \`böse´ und \`tyrannisch´, wie uns die Schulbücher und die \`Qualitätsmedien´ weismachen wollen?“ [1]

[1] „Die wahren Hintergründe über den Ersten Weltkrieg. Albert Pike und Giuseppe Mazzini: drei Weltkriege zur Neuen Weltordnung“, in: Daniel Prinz, Wenn das die Menschheit wüsste … Wir stehen vor den größten Enthüllungen aller Zeiten! Fichtenau, 3. Aufl. 2019, S. 26.

II. <u>Einstimmung:</u>

„Wir werden die Nihilisten und Atheisten loslassen; wir werden einen gewaltigen gesellschaftlichen Zusammenbruch provozieren, der in seinem ganzen Schrecken den Nationen die Auswirkungen von absolutem Atheismus, dem Ursprung der Grausamkeit und der blutigsten Unruhe, klar vor Augen führen wird.

Dann werden die Bürger – gezwungen, sich gegen die Minderheit der Revolutionäre zur Wehr zu setzen – diese Zerstörer der Zivilisation ausrotten.

Die Mehrheit der Bürger wird, gottgläubig wie sie ist, nach der Enttäuschung durch das Christentum und daher ohne Orientierung, besorgt nach einem neuen Ideal Ausschau halten, ohne jedoch zu wissen, wen oder was sie anbeten soll.

Dann sind die Menschen reif, das reine Licht durch die weltweite Verkündung der reinen Lehre Luzifers zu empfangen, die endlich an die Öffentlichkeit gebracht werden kann.

Sie [diese Verkündung] wird auf die allgemeine reaktionäre Bewegung folgen, die aus der gleichzeitigen Vernichtung von Christentum und Atheismus hervorgehen wird.“ [2]

---

[2] Schriftstück vom 15. August 1871 von Albert Pike an Giuseppe Mazzini, einst im Britischen Museum in London ausgestellt; siehe: Jan van Helsing, Hände weg von diesem Buch, Amadeus Verlag, S. 187; „Die wahren Hintergründe über den Ersten Weltkrieg. Albert Pike und Giuseppe Mazzini: drei Weltkriege zur Neuen Weltordnung“, in: Daniel Prinz, Wenn das die Menschheit wüsste ... Wir stehen vor den größten Enthüllungen aller Zeiten! Fichtenau, 3. Aufl. 2019, S. 25. 666.

III. Weltkriege:

„Im selben Jahr [1871] schmiedeten Pike und Mazzini einen Plan, die Welt durch drei Weltkriege zu unterjochen, um sie in eine `Neue Weltordnung´ zu überführen. Für dieses ambitionierte Ziel gründete Pike den streng geheimen *Ritus des Palladin*, der als Speerspitze für den Kampf zur Welteroberung fungieren sollte. Seit der bolschewistischen Revolution gilt der Kommunismus als Nachfolger dieses Ritus als Vorkämpfer der internationalen revolutionären Bewegung.“ [3]

„Durch den **Ersten Weltkrieg** sollte der Zarismus in Russland (sowie die meisten Monarchien) abgeschafft und Letzteres anschließend – unter der Kontrolle der Illuminati – weltweit als Sündenbock und Feindbild aufgebaut werden.

Im **Zweiten Weltkrieg** sollte der Hass zwischen deutschen Nationalisten / Patrioten und politischen Zionisten / Juden so weit geschürt werden,

[3] Des Griffin, „Wer regiert die Welt?“, Verlag Diagnosen, S. 212; „Die wahren Hintergründe über den Ersten Weltkrieg. Albert Pike und Giuseppe Mazzini: drei Weltkriege zur Neuen Weltordnung“, in: Daniel Prinz, Wenn das die Menschheit wüsste … Wir stehen vor den größten Enthüllungen aller Zeiten! Fichtenau, 3. Aufl. 2019, S. 26. 666.

dass als Resultat der Staat Israel gegründet wird und Russland seinen Einflussbereich weiter ausdehnt. (Des Weiteren diente dieser Krieg als Auftakt auch dazu, den Patriotismus und in weiterer Folge die Nationen allgemein in Europa Stück für Stück abzuschaffen ...)

Der **Dritte Weltkrieg** sollte sich laut diesem Plan aus dem geschürten Hass zwischen Moslems und Zionisten einerseits und der Konfrontation zwischen Nihilisten und Atheisten andererseits ergeben. Nach der Zerstörung des Christentums und des Atheismus solle anschließend die luziferische Eine-Welt-Religion etabliert werden.“ [4]

[4] Jan van Helsing, Hände weg von diesem Buch, Amadeus Verlag, S. 188; „Die wahren Hintergründe über den Ersten Weltkrieg. Albert Pike und Giuseppe Mazzini: drei Weltkriege zur Neuen Weltordnung“, in: Daniel Prinz, Wenn das die Menschheit wüsste ... Wir stehen vor den größten Enthüllungen aller Zeiten! Fichtenau, 3. Aufl. 2019, S. 26. 666.

IV. <u>Kaiserreich:</u>

„Das Deutsche Kaiserreich war für den internationalen Finanzadel wirtschaftlich zu stark geworden. Besonders England und Frankreich fühlten sich in ihrer Weltmacht bedroht, zumal sie stetig an Wirtschaftskraft verloren haben und ihre Felle davonschwimmen sahen. Zudem gab bereits das Kaiserreich zwar nicht mehr sein eigenes, komplett staatlich kontrolliertes teils edelmetallgedecktes Geld aus (die Zentralbank war in den Händen von Bankiers), war aber in großen Teilen noch unabhängig vom Rest der Welt. Die Einkommensteuer betrug damals im Vergleich zu heute nur \`lächerliche´ 0,62% bis 4%, wobei die 4% der Spitzensteuersatz für Jahreseinkommen ab 100.000 Mark war!“ [5]

„(…) Ausschlaggebend für diese Kriege [die beiden Weltkriege] waren vor allem die Machtansprüche der damaligen Großmächte Frankreich, England und der USA – und nicht nur Deutschlands, wie es fälschlicherweise in unseren Geschichtsbüchern steht -, Europa wirtschaftlich zu kontrollieren. Dabei gab es nur einen Haken:

[5] https://de.wikipedia.org/wiki/Johannes_von_Miquel; „Die wahren Hintergründe über den Ersten Weltkrieg. Ein starkes Kaiserreich als Gefahr fürs internationale Establishment“, in: Daniel Prinz, Wenn das die Menschheit wüsste … Wir stehen vor den größten Enthüllungen aller Zeiten! Fichtenau, 3. Aufl. 2019, S. 27. 666.

Deutschland! England und die USA standen zu dieser Zeit längst politisch und wirtschaftlich unter Kontrolle der Bankiers-Familien. Wer Europa kontrollieren will, muss Deutschland politisch und wirtschaftlich beherrschen. (...) Das Ganze nahm seinen unrühmlichen Anfang, nachdem das aufstrebende deutsche Kaiserreich sich anschickte, neben England und Frankreich eine führende Rolle in Europa einzunehmen. Bis 1870 war Deutschland fast ausschließlich Agrarland. Das änderte sich natürlich nach dem deutsch-französischen Krieg 1870/71 und der daraus resultierenden Reichsgründung. Es kam zum Wirtschaftswunder: Deutschland bekam eine Infrastruktur, Eisenbahnlinien und eine Hochseeschifffahrt und stieg in sehr kurzer Zeit zu einer Weltmacht auf. Da mussten die Briten reagieren! (...) Was damals niemand in Deutschland wissen konnte, war die Tatsache, dass ein Krieg längst beschlossene Sache war. Es gab gar keinen anderen Ausweg. Die Strategen, die dafür verantwortlich waren, haben schon damals geopolitisch in ganz anderen Dimensionen gedacht und geplant. Nur durch Krieg und Revolutionen kann man eine geopolitische Weltkarte innerhalb von wenigen Jahrzehnten erfolgreich ändern, abgesehen davon, dass man damit unsagbar viel Geld verdient. So ist das Gesetz.“[6]

[6] Ben Morgenstern, Sohn eines jüdischen Illuminaten zum „Hindernis Deutschland“, in: Jan van Helsing & Co, Politisch Unkorrekt, Amadeus Verlag, S. 257f.; „Die wahren Hintergründe über den Ersten Weltkrieg. Ein starkes Kaiserreich als Gefahr fürs internationale Establishment“, in: Daniel Prinz, Wenn das die Menschheit wüsste ... Wir stehen vor den größten Enthüllungen aller Zeiten! Fichtenau, 3. Aufl. 2019, S. 27. 666.

*„Würde morgen jeder Deutsche ausradiert werden, gäbe es keinen englischen Geschäftszweig und keine englische Unternehmung, welches nicht sofort wachsen würde. Würde morgen jeder Engländer ausradiert werden, würden die Deutschen im Größenverhältnis zunehmen. Hier ist der erste große Rassenkampf der Zukunft. (…) Der eine oder der andere muss verschwinden; der eine oder andere wird verschwinden. (…) Macht Euch bereit zum Kampf gegen Deutschland, denn Germania est delenda [*Germanien muss vernichten werden*].“*[7]

„(…) und sagen wir zu Frankreich und Russland: Sucht Euch eine Form der Entschädigung aus. Nehmt Euch in Deutschland, was Ihr wollt: Ihr könnt es haben.“[8]

„Von diesem bevorstehenden Weltkrieg wird auch der damalige US-Präsident Woodrow Wilson gewusst haben. Denn bevor er das Amt des

---

[7] Sir Peter Chalmers Mitchell, Zoologe und Politiker, Artikel in der wöchentlichen Londoner Zeitung *The Saturday Review* mit der Überschrift *„A Biological View of English Foreign Policy*“ (zu Deutsch: Eine biologische Sicht der englischen Auslandspolitik), siehe: https://de.wikipedia.org/wiki/Peter_Chalmers_Mitchel; http://opensiuc.lib.siu.edu/cgi/viewcontent.cgi?article=2907&context=ocj (S. 722/723); „Die wahren Hintergründe über den Ersten Weltkrieg. Ein starkes Kaiserreich als Gefahr fürs internationale Establishment“, in: Daniel Prinz, Wenn das die Menschheit wüsste … Wir stehen vor den größten Enthüllungen aller Zeiten! Fichtenau, 3. Aufl. 2019, S. 28. 666.

[8] Artikel in der wöchentlichen Londoner Zeitung *The Saturday Review,* siehe: https://de.wikipedia.org/wiki/Saturday_Review_(London); „Die wahren Hintergründe über den Ersten Weltkrieg. Ein starkes Kaiserreich als Gefahr fürs internationale Establishment“, in: Daniel Prinz, Wenn das die Menschheit wüsste … Wir stehen vor den größten Enthüllungen aller Zeiten! Fichtenau, 3. Aufl. 2019, S. 28. 666.

Präsidenten 1913 antreten durfte, musste er bereits ein Jahr zuvor den internationalen Bankiers Zugeständnisse machen.“ [9]

„Vom ehemaligen Oberst der US-Armee, Curis Bean Dall, der auch Schwiegersohn des späteren US-Präsidenten Frankliln D. Roosevelt war, erfahren wir in seinem Buch `Amerikas Kriegspolitik – Roosevelt und seine Hintermänner´, dass Wilson vor seinem engen Berater, dem jüdischen Finanzier und Spekulanten Bernard Baruch, sowie anderen einflussreichen Personen versprechen musste, u.a. folgende Punkte während seiner Präsidentschaft zu erfüllen:

1. Die Gründung der amerikanischen Zentralbank *Federal Reserve Bank* (kurz: *FED*) zu unterstützen,
2. Sich für die Einführung der gestaffelten Einkommensteuer einzusetzen und
3. Hilfsbereite politische Maßnahmen in die Wege zu leiten, falls Krieg in Europa ausbrechen sollte.“ [10]

[9] „Die wahren Hintergründe über den Ersten Weltkrieg. Ein starkes Kaiserreich als Gefahr fürs internationale Establishment“, in: Daniel Prinz, Wenn das die Menschheit wüsste … Wir stehen vor den größten Enthüllungen aller Zeiten! Fichtenau, 3. Aufl. 2019, S. 29.

[10] Curtis B. Dall, „Amerikas Kriegspolitik – Roosevelt und seine Hintermänner“, Grabert Verlag, S. 202f., „Die wahren Hintergründe über den Ersten Weltkrieg. Ein starkes Kaiserreich als Gefahr fürs internationale Establishment“, in: Daniel Prinz, Wenn das die Menschheit wüsste … Wir stehen vor den größten Enthüllungen aller Zeiten! Fichtenau, 3. Aufl. 2019, S. 29. 666.

„Bernard Baruch war übrigens auch Berater des nachfolgenden US-Präsidenten Roosevelt. Am 4. März 1913 wurde Woodrow Wilson dann zum 28. Präsidenten der USA `gewählt´. Am 23. Dezember 1913 wurde schließlich die sich in privaten Händen der Bankiers befindende FED mit ihrem Hauptsitz in Washington D.C. gegründet, nachdem bereits zuvor am 3. Februar des gleichen Jahres der 16. Verfassungszusatz in Kraft getreten war, welcher dem US-Kongress fortan erlaubte, *Einkommensteuer* zu erheben.“ [11]

„Ohne die Gründung der FED und der damit eingehergehenden Freigabe von finanziellen Mitteln (in Form von Freiheitsanleihen und –obligationen) wären die USA nicht in der Lage gewesen, den englischen Krieg gegen Deutschland sowie den eigenen Kriegseintritt ab April 1917 zu finanzieren.“ [12]

„Zuvor hatte bereits England das Bankgesetz von 1844 in Kraft gesetzt, welches ab sofort Zahlungen in Gold und Silber verbot, den Goldbesitz

---

[11] https://en.wikipedia.org/wiki/Bernard_Baruch, https://en.wikipedia.org/wiki/Siteenth_Amendment_to_the_United_States_Constitution, „Die wahren Hintergründe über den Ersten Weltkrieg. Ein starkes Kaiserreich als Gefahr fürs internationale Establishment“, in: Daniel Prinz, Wenn das die Menschheit wüsste ... Wir stehen vor den größten Enthüllungen aller Zeiten! Fichtenau, 3. Aufl. 2019, S. 29. 666.

[12] „Die wahren Hintergründe über den Ersten Weltkrieg. Ein starkes Kaiserreich als Gefahr fürs internationale Establishment“, in: Daniel Prinz, Wenn das die Menschheit wüsste ... Wir stehen vor den größten Enthüllungen aller Zeiten! Fichtenau, 3. Aufl. 2019, S. 29.

der britischen Bürger einzog und in Noten (= Papiergeld) der britischen Zentralbank Bank of England eintauschte. Die dadurch frei gewordenen Geldmengen ermöglichten England bzw. der britischen Hochfinanz am 4. August 1914 überhaupt erst in den Krieg gegen Deutschland einzutreten. Die Bankiers in Europa und in den USA haben hier Hand in Hand zursammengearbeitet." [13]

„In der Ausgabe Nr. 45 des Magazins *Der Spiegel* erschien ein interessanter Bericht über die `Lusitania Affäre´. Die Lusitania war ein britisches Passagierschiff und seinerzeit das schnellste Schiff auf der Route Europa-Amerika. Ein britischer Geschichtsdetektiv fand zusammen mit dem britischen TV-Sender *BBC* heraus, dass das Schiff am 7. Mai 1915 von der britischen Admiralität mit Absicht vor die Torpedorohre deutscher U-Boote gelenkt worden war, um die Deutsche Marine zu einer Tat zu provozieren, was dann auch geschah. Die Deutschen versenkten das Schiff, wobei 124 Amerikaner ums Leben

[13] F. William Engdahl, „Mit der Ölwaffe zur Weltmacht", Kopp Verlag, S. 59f., 80; „Die wahren Hintergründe über den Ersten Weltkrieg. Ein starkes Kaiserreich als Gefahr fürs internationale Establishment", in: Daniel Prinz, Wenn das die Menschheit wüsste ... Wir stehen vor den größten Enthüllungen aller Zeiten! Fichtenau, 3. Aufl. 2019, S. 29f. 666.

kamen, und dies diente als Rechtfertigung für die USA, den Ton gegen Deutschland zu verschärfen.“ [14]

„Das britische Journalistenteam fand zudem heraus, dass der Bau besagten Schiffes bereits ein militärischer Akt gewesen sei, denn der Bau der Lusitania erfolgte zu Kriegszwecken im Rahmen eines Geheimabkommens zwischen der britischen Admiralität und der Schifffahrtsgesellschaft *Cunard Steamship Company.* Die deutsche Admiralität rechtfertigte die Versenkung des Schiffes damit, da es Geschütze an Bord geführt hatte und Munition nach England transportieren wollte. Ein Geheimpapier, welches in die Hände von Wilson gelangte, offenbarte die Ladeliste der Lusitania:

- 1.248 Kästen mit Granaten,
- 4.927 Kisten mit Gewehrpatronen und
- 2.000 Kisten weitere Munition.“ [15]

---

[14] „Die wahren Hintergründe über den Ersten Weltkrieg. Ein starkes Kaiserreich als Gefahr fürs internationale Establishment“, in: Daniel Prinz, Wenn das die Menschheit wüsste ... Wir stehen vor den größten Enthüllungen aller Zeiten! Fichtenau, 3. Aufl. 2019, S. 30.

[15] „Die wahren Hintergründe über den Ersten Weltkrieg. Ein starkes Kaiserreich als Gefahr fürs internationale Establishment“, in: Daniel Prinz, Wenn das die Menschheit wüsste ... Wir stehen vor den größten Enthüllungen aller Zeiten! Fichtenau, 3. Aufl. 2019, S. 30.

„Wilson ließ die Ladeliste in einem Archiv verschwinden, um die Wahrheit zu vertuschen. Er hatte schließlich den Bankiers zugesagt, als Präsident bei einem möglichen Kriegsausbruch in Europa hilfsbereite Maßnahmen in die Wege zu leiten.“ [16]

„Winston Churchill, seinerzeit Marineminister und späterer Premierminister Englands ließ im Februar 1913 die Mitarbeiter von *Cunard* wissen, dass die Stunde der Bewährung herannahe sowie dass der Krieg gegen Deutschland sicher sei und spätestens im September 1914 ausbrechen würde.“ [17]

„Und 1912 bemerkte der Erste Britische Seelord, John A. Fisher, ebenfalls:

`Der Große Krieg wird jetzt vorbereitet, ohne dass es jemand sieht.´“ [18]

---

[16] „Die wahren Hintergründe über den Ersten Weltkrieg. Ein starkes Kaiserreich als Gefahr fürs internationale Establishment“, in: Daniel Prinz, Wenn das die Menschheit wüsste … Wir stehen vor den größten Enthüllungen aller Zeiten! Fichtenau, 3. Aufl. 2019, S. 30.

[17] www.spiegel.de/spiegel/print/d-42787456.html, „Die wahren Hintergründe über den Ersten Weltkrieg. Ein starkes Kaiserreich als Gefahr fürs internationale Establishment“, in: Daniel Prinz, Wenn das die Menschheit wüsste … Wir stehen vor den größten Enthüllungen aller Zeiten! Fichtenau, 3. Aufl. 2019, S. 30. 667.

[18] www.spiegel.de/spiegel/print/d-42787456.html, „Die wahren Hintergründe über den Ersten Weltkrieg. Ein starkes Kaiserreich als Gefahr fürs internationale Establishment“, in: Daniel Prinz, Wenn das die Menschheit wüsste … Wir stehen vor den größten Enthüllungen aller Zeiten! Fichtenau, 3. Aufl. 2019, S. 30. 667.

„Der New Yorker Erzbischof Kardinal John Murphy Farley sagte wenige Monate vor dem Sarajewo-Attentat (dem `Startschuss´ für den Ersten Weltkrieg) folgende interessante[n] Worte:

`Der Krieg, der in Vorbereitung ist, wird ein Kampf zwischen dem internationalen Kapital und den regierenden Dynastien sein. Das Kapital wünscht niemanden über sich zu haben, kennen keinen Gott oder Herrn und möchte alle Staaten als große Bankgeschäfte regieren lassen. Ihr Gewinn soll zur alleinigen Richtschnur der Regierenden werden.´"[19]

„Und nach dem Ende des Ersten Weltkriegs konstatierte Fürst Awaloff-Bermondt rückblickend:

`Die Hauptursache des Weltkrieges war die Intrige Englands, das allein diesen Krieg entfachte, um dadurch zwei große Völker, das russische und das deutsche, unschädlich zu machen. Die Hauptschuld am Beginn dieses Völkermordes trifft unzweifelhaft England.´"[20]

---

[19] www.zeitenschrift.com/artikel/der-infame-krieg; „Die wahren Hintergründe über den Ersten Weltkrieg. Ein starkes Kaiserreich als Gefahr fürs internationale Establishment", in: Daniel Prinz, Wenn das die Menschheit wüsste ... Wir stehen vor den größten Enthüllungen aller Zeiten! Fichtenau, 3. Aufl. 2019, S. 30. 667.

[20] www.zweitenschrift.com/artikel/der-dreissigjaehrige-krieg-von-1914-bis-1945; „Die wahren Hintergründe über den Ersten Weltkrieg. Ein starkes Kaiserreich als Gefahr fürs internationale Establishment", in: Daniel Prinz, Wenn das die Menschheit wüsste ... Wir stehen vor den größten Enthüllungen aller Zeiten! Fichtenau, 3. Aufl. 2019, S. 30. 667.

„Sie erinnern sich noch an Pikes und Mazzinis Pläne für die drei Weltkriege? Rudolf Steiner, Begründer [der] *Anthroposophischen Gesellschaft* und ab 1902 Generalsekretär der *Theosophischen Gesellschaft*, offenbarte am 4. Dezember 1916 in diesem Zusammenhang diese passende Information auf einem Vortrag:

`Ich habe Sie darauf aufmerksam gemacht, dass in gewissen okkulten Brüderschaften des Westens, für mich nachweisbar in den neunziger Jahren, von dem gegenwärtigen Weltkriege die Rede war, und dass dazumal die Schüler dieser okkulten Bruderschaften unterrichtet wurden durch Landkarten, auf denen verzeichnet war, wie Europa durch diesen Weltkrieg verändert werden sollte. Insbesondere wurde in englischen okkulten Brüderschaften hingewiesen auf einen Krieg, der kommen muss, den man förmlich heranlotste, den man vorbereitete …´“ [21]

„1890 veröffentlichte das englische satirische Wochenmagazin *Truth* tatsächlich eine Landkarte Europas aus den 1880er-Jahren, die fast identisch mit der Karte Europas nach dem Ersten Weltkrieg ist! Über dem Raum Russlands stand zudem das Wort `desert´, bezugnehmend

[21] www.zweitenschrift.com/artikel/der-dreissigjaehrige-krieg-von-1914-bis-1945; „Die wahren Hintergründe über den Ersten Weltkrieg. Ein starkes Kaiserreich als Gefahr fürs internationale Establishment“, in: Daniel Prinz, Wenn das die Menschheit wüsste … Wir stehen vor den größten Enthüllungen aller Zeiten! Fichtenau, 3. Aufl. 2019, S. 30f.667.

auf Staaten für sozialistische Experimente.[22] Das nenne ich mal satirische Wahrheit.“ [23]

„Diese zahlreichen `Zufälle´ zeigen eindeutig, dass man es auf das deutsche Kaiserreich abgesehen hatte und über viele Jahre den Krieg akribisch vorbereitete, welcher am Ende rund 20 Millionen Menschen das Leben kostete und mindestens so viele Verletzte hervorbrachte[24], während die Finanz-Oligarchen kräftig daran verdienten und dabei den weiteren Weg zur `Einen Welt Regierung´ für Deutschland, Europa und die Welt ebneten.“ [25]

„Dass es bei diesem Krieg vordergründig um Profite und tatsächlich um die Zerstörung Deutschlands ging, belegt auch die Tatsache, dass Deutschland und Österreich-Ungarn dabei waren, den Krieg zu gewinnen und der Entente (also England, Frankreich und Russland) im

---

[22] www.zweitenschrift.com/artikel/der-dreissigjaehrige-krieg-von-1914-bis-1945; www.denkschule-hamburg.de/code/buch_wahrheit.htm.

[23] „Die wahren Hintergründe über den Ersten Weltkrieg. Ein starkes Kaiserreich als Gefahr fürs internationale Establishment“, in: Daniel Prinz, Wenn das die Menschheit wüsste … Wir stehen vor den größten Enthüllungen aller Zeiten! Fichtenau, 3. Aufl. 2019, S. 31.

[24] http://inyurl.com/repereswk1

[25] „Die wahren Hintergründe über den Ersten Weltkrieg. Ein starkes Kaiserreich als Gefahr fürs internationale Establishment“, in: Daniel Prinz, Wenn das die Menschheit wüsste … Wir stehen vor den größten Enthüllungen aller Zeiten! Fichtenau, 3. Aufl. 2019, S. 31.

Winter 1916 den Frieden anbot, welches auf der Gegenseite aber auf Desinteresse stieß.“ [26]

„Durch die Lusitania-Finte Englands mischten sich plötzlich die USA militärisch ein, und so wurde der Krieg unnötig um fast zwei Jahre verlängert. Natürlich hatte das auch einen nicht unerheblichen finanziellen Hintergrund. Hätten England und Frankreich den Krieg in Europa verloren, hätten sie gravierende Verluste ihrer Kriegsinvestitionen hinnehmen müssen, was wiederum der Volkswirtschaft der USA erheblichen Schaden zugefügt hätte, denn schließlich finanzierten die US-amerikanischen Banken die Kriegsabenteuer der Briten und Franzosen.“ [27]

---

[26] „Die wahren Hintergründe über den Ersten Weltkrieg. Ein starkes Kaiserreich als Gefahr fürs internationale Establishment“, in: Daniel Prinz, Wenn das die Menschheit wüsste ... Wir stehen vor den größten Enthüllungen aller Zeiten! Fichtenau, 3. Aufl. 2019, S. 31.

[27] Gerd Schultze-Rhonhof, „1939 Der Krieg, der viele Väter hatte“, OLZOG 2. Auflage, S. 53f., „Die wahren Hintergründe über den Ersten Weltkrieg. Ein starkes Kaiserreich als Gefahr fürs internationale Establishment“, in: Daniel Prinz, Wenn das die Menschheit wüsste ... Wir stehen vor den größten Enthüllungen aller Zeiten! Fichtenau, 3. Aufl. 2019, S. 31.667.

V. Judenstaat:

„Auf dem *Sechsten Zionistenkongress* wurde am 28. August 1903 in Basel in der Schweiz beschlossen, dass Uganda (in Afrika) als Übergangslösung für den zu errichtenden Judenstaat dienen sollte.“ [28]

„Der Publizist Theodor Herzl, der als Begründer des neuzeitlichen politischen Zionismus gilt und Autor des 1896 erschienenen Buches `Der Judenstaat´ ist, leitete diesen Kongress. In der jüdischen Zeitung *The American Jewish News* erschien nach dem Ersten Weltkrieg rückblickend in einer Ausgabe vom 19. September 1919 auf der Titelseite ein längerer Artikel[29] vom Reporter Litman Rosenthal, der Theodor Herzl etwa einen Monat nach dem Kongress in seinem Hotel besuchte, wo auch der Kongress-Vizepräsiden Max Nordau dem kleinen anwesenden Kreis von Zionisten über den damals abgelaufenen Kongress Folgendes zu berichten hatte:“ [30]

---

[28] „Die wahren Hintergründe über den Ersten Weltkrieg. Ein starkes Kaiserreich als Gefahr fürs internationale Establishment“, in: Daniel Prinz, Wenn das die Menschheit wüsste ... Wir stehen vor den größten Enthüllungen aller Zeiten! Fichtenau, 3. Aufl. 2019, S. 28.
[29] Benjamin H. Freedman, The Hidden Tyranny, S. 35.
[30] „Die wahren Hintergründe über den Ersten Weltkrieg. Ein starkes Kaiserreich als Gefahr fürs internationale Establishment“, in: Daniel Prinz, Wenn das die Menschheit wüsste ... Wir stehen vor den größten Enthüllungen aller Zeiten! Fichtenau, 3. Aufl. 2019, S. 28.

„Nach den Pogromen von Kischinew [im April 1903] *bot die große fortschrittliche Macht England der jüdischen Nation im Rahmen des Zionistischen Kongresses, in Sympathie für unser armes Volk, eine autonome Kolonie in Uganda an. Uganda ist in Afrika und Afrika ist nicht Zion und wird es auch nie sein, um Herzls eigene Worte zu zitieren. Aber Herzl weiß bestens, dass nichts so wertvoll für die Sache des Zionismus ist wie freundschaftliche politische Beziehungen mit einer solchen Macht wie England. (…) und daher ist es besonders wichtig, eine Kolonie aus Englands Hand anzunehmen, um einen Präzedenzfall zu unseren Gunsten zu schaffen. Früher oder später wird die orientalische Frage gelöst werden müssen, und die orientalische Frage bedeutet selbstverständlich auch die Frage Palästinas. (…) Herzl weiß, dass wir vor gewaltigen Umbrüchen in der ganzen Welt stehen. Bald vielleicht würde eine Art Weltkongress einberufen werden müssen und das große, freie, mächtige England würde dann das Werk fortsetzen, das es mit seinem großzügigen Angebot beim Sechsten Zionistenkongress begonnen hatte. Und wenn Sie mich jetzt fragen sollten, was Israel in Uganda tun sollte, (…), so lassen Sie mich die folgenden Worte so sagen, als wenn ich Ihnen die Sprossen einer immer weiter aufwärts führenden Leiter beschriebe: Herzl, der Zionistische Kongress, der*

kommende Weltkrieg, die Friedenskonferenz, auf der mit Hilfe Englands ein neues freies Palästina geschaffen werden wird."[31]

„Das ist schon recht interessant. Hier erfahren wir also nicht nur von der `prophetischen Gabe´ einiger führender Zionisten, sondern auch einen der wahren Gründe, worum es bei den zukünftigen Weltkriegen tatsächlich gehen sollte: um die Schaffung des Staates Israel." [32]

„Dies stand bereits mindestens 1903 fest, als der Erste Weltkrieg noch 11 Jahre entfernt war! Die internationale Hochfinanz wusste natürlich ebenfalls Bescheid, war sie doch die kommenden Jahre eifrig dabei, weitere erforderliche politische und finanzielle Weichen zu stellen." [33]

---

[31] https://de.wikipedia.org/wiki/Theodor_Herzl; Henry Ford, „The International Jew", Dearborn Publishing, S. 158f., http://chroniclingamerica.loc.gov/lccn/2013218776/1920-08-21/ed-1/seq-8.pdf, Wolfgang Eggert, „Israels Geheimvatican (Band 2)", S. 22f., in: „Die wahren Hintergründe über den Ersten Weltkrieg. Ein starkes Kaiserreich als Gefahr fürs internationale Establishment", in: Daniel Prinz, Wenn das die Menschheit wüsste ... Wir stehen vor den größten Enthüllungen aller Zeiten! Fichtenau, 3. Aufl. 2019, S. 28f. 666.

[32] „Die wahren Hintergründe über den Ersten Weltkrieg. Ein starkes Kaiserreich als Gefahr fürs internationale Establishment", in: Daniel Prinz, Wenn das die Menschheit wüsste ... Wir stehen vor den größten Enthüllungen aller Zeiten! Fichtenau, 3. Aufl. 2019, S. 29.

[33] „Die wahren Hintergründe über den Ersten Weltkrieg. Ein starkes Kaiserreich als Gefahr fürs internationale Establishment", in: Daniel Prinz, Wenn das die Menschheit wüsste ... Wir stehen vor den größten Enthüllungen aller Zeiten! Fichtenau, 3. Aufl. 2019, S. 29.

„Auf einer Bankiers-Versammlung 1907 in London äußerte sich J. P. Morgan (Gründer des Bankhauses *J. P. Morgan & Co.* sowie Agent des *Hauses Rothschild*) unverblümt wie folgt:

`Der deutsche Wirtschaftskörper kann der internationalen Weltwirtschaft nur eingegliedert werden, wenn man Deutschland durch einen Krieg politisch zerschlägt, und das heißt: Wir brauchen einen ***Weltkrieg****.´“*[34]

„Benjamin Freedman war ein erfolgreicher US-amerikanischer Geschäftsmann in New York City und anti-zionistischer Aktivist. Nach seinen eigenen Angaben fungierte er als Bernard Baruchs Assistent im Präsidentschaftswahlkampf von Woodrow Wilson[35] und war ein Insider in den höchsten Ebenen der zionistischen Machenschaften.“ [36]

„Schon im frühen Alter lernte er viele wichtige Leute an den Schalthebeln de[r] Macht kennen, z.B. die ehemaligen US-Präsidenten Woodrow

---

[34] Helmut Schröcke, „Kriegsursachen – Kriegsschuld des zweiten Weltkriegs“, Verlag für ganzheitliche Forschung und Kultur, S. 169, http://info.kopp-verlag.de/hintergruende/geostrategie/dean-henderson/das-kartell-der-federal-reserve-die-acht-familien-teil-1-einer-auf-vier-teile-angelegten-serie.html, „Die wahren Hintergründe über den Ersten Weltkrieg. Ein starkes Kaiserreich als Gefahr fürs internationale Establishment“, in: Daniel Prinz, Wenn das die Menschheit wüsste … Wir stehen vor den größten Enthüllungen aller Zeiten! Fichtenau, 3. Aufl. 2019, S. 29. 666.

[35] http://en.metapedia.org/wiki/Benjamin_Freedman

[36] „Die wahren Hintergründe über den Ersten Weltkrieg. Benjamin Freedman über die Hintergründe des Ersten Weltkriegs“, in: Daniel Prinz, Wenn das die Menschheit wüsste … Wir stehen vor den größten Enthüllungen aller Zeiten! Fichtenau, 3. Aufl. 2019, S. 32.

Wilson und Franklin D. Roosevelt sowie John F. Kennedy und seinen Vater Joseph Kennedy. Im Laufe seines Lebens brach er mit dem Judentum ab und konvertierte zum Katholizismus. Er investierte mindestens 2,5 Mio. US-Dollar, um die Menschen über die `talmudische Tyrannei´ aufzuklären." [37]

„Freedman war somit nicht `irgendjemand´, denn er hatte einen sehr guten Blick hinter die Kulissen. 1961 hielt Freedman in Washington D.C. eine äußerst wichtige Rede (man kann sie hier anhören[38]), in der er kein Blatt vor den Mund nahm, um die Hintergründe zu den beiden Weltkriegen schonungslos zu benennen. Zu dieser Rede gibt es auch Trans[s]kripte in englischer und deutscher Sprache, die Sie sich selbst im Internet durchlesen können." [39]

---

[37] Benjamin H. Freedman, The Hidden Tyranny, S. 3; „Die wahren Hintergründe über den Ersten Weltkrieg. Benjamin Freedman über die Hintergründe des Ersten Weltkriegs", in: Daniel Prinz, Wenn das die Menschheit wüsste ... Wir stehen vor den größten Enthüllungen aller Zeiten! Fichtenau, 3. Aufl. 2019, S. 32.667.

[38] https://archive.org/details/BenjaminFreedman-WillardHotelSpeech1961FromOriginalLps

[39] www.sweetliberty.org/issues/israel/freedman.htm, https://lichtinsdunkel.blogspot.de/2008/10benjamin-freedman-ein-insider-war[n]t.html(Ausschnitt), http://lupo-cattivo.blogspot.de/2010/01/aus-einer-rede-benjamin-h-freedman-im.html, „Die wahren Hintergründe über den Ersten Weltkrieg. Benjamin Freedman über die Hintergründe des Ersten Weltkriegs", in: Daniel Prinz, Wenn das die Menschheit wüsste ... Wir stehen vor den größten Enthüllungen aller Zeiten! Fichtenau, 3. Aufl. 2019, S. 32.667

„Aber nun schauen wir uns mal an, was dieser gute Mann zum Zeitpunkt zu sagen hat, als die Russen am Ende ihrer Kräfte waren, 600.000 französische Soldaten bereits gefallen waren, die Deutschen auf dem Schlachtfeld den Krieg nach zwei Jahren eigentlich schon gewonnen hatten und das Deutsche Kaiserreich der Entente den Frieden anbot:“ [40]

„Nicht ein Schuss wurde auf deutschem Boden abgefeuert. Kein feindlicher Soldat hatte die deutsche Grenze überschritten, und dennoch bot Deutschland England den Frieden an. Einen Frieden, den Juristen `status quo ante´ nennen, was so viel bedeutet wie: `Lasst uns den Krieg beenden und lasst alles so sein, wie es vor dem Krieg war.´ England zog dies im Sommer 1916 ernsthaft in Erwägung. Sie hatten keine andere Wahl. Sie konnten entweder das großzügige Friedensangebot Deutschlands annehmen oder den Krieg bis zur vollständigen Niederlage fortführen.“ [41]

---

[40] „Die wahren Hintergründe über den Ersten Weltkrieg. Benjamin Freedman über die Hintergründe des Ersten Weltkriegs“, in: Daniel Prinz, Wenn das die Menschheit wüsste … Wir stehen vor den größten Enthüllungen aller Zeiten! Fichtenau, 3. Aufl. 2019, S. 32.

[41] https://archive.org/details/BenjaminFreedman-WillardHotelSpeech1961FromOriginalLps, www.sweetliberty.org/issues/israel/freedman.htm, https://lichtinsdunkel.blogspot.de/2008/10benjamin-freedman-ein-insider-war[n]t.html(Ausschnitt), http://lupo-cattivo.blogspot.de/2010/01/aus-einer-rede-benjamin-h-freedman-im.html, „Die wahren Hintergründe über den Ersten Weltkrieg. Benjamin Freedman über die Hintergründe des Ersten Weltkriegs“, in: Daniel Prinz, Wenn das die Menschheit wüsste … Wir stehen vor den größten Enthüllungen aller Zeiten! Fichtenau, 3. Aufl. 2019, S. 32.667.

„Doch dann wandten sich deutsche Zionisten an das britische Königskabinett und sagten: `Seht her, Ihr könnt diesen Krieg doch noch gewinnen. Ihr dürft nicht aufgeben. Ihr braucht auf das deutsche Friedensangebot nicht einzugehen. Wenn die USA als Eure Verbündeten in den Krieg eintreten, könnt Ihr diesen Krieg gewinnen.´“[42]

„Außerdem sagten die Zionisten zu England: `Wir bringen die USA als Euren Verbündeten in den Krieg, wenn Ihr uns versprecht, dass wir nach dem Krieg Palästina bekommen.´ In anderen Worten ausgedrückt machten sie diesen Deal: `Wir bringen die USA als Eure Verbündete in diesen Krieg. Der Preis, den Ihr dafür zahlen müsste, ist Palästina, nachdem Ihr den Krieg gewonnen und Deutschland, Österreich-Ungarn und die Türkei besiegt habt.´“[43]

---

42 https://archive.org/details/BenjaminFreedman-WillardHotelSpeech1961FromOriginalLps, www.sweetliberty.org/issues/israel/freedman.htm, https://lichtinsdunkel.blogspot.de/2008/10benjamin-freedman-ein-insider-war[n]t.html(Ausschnitt), http://lupo-cattivo.blogspot.de/2010/01/aus-einer-rede-benjamin-h-freedman-im.html, „Die wahren Hintergründe über den Ersten Weltkrieg. Benjamin Freedman über die Hintergründe des Ersten Weltkriegs“, in: Daniel Prinz, Wenn das die Menschheit wüsste … Wir stehen vor den größten Enthüllungen aller Zeiten! Fichtenau, 3. Aufl. 2019, S. 32.667.

43 https://archive.org/details/BenjaminFreedman-WillardHotelSpeech1961FromOriginalLps, www.sweetliberty.org/issues/israel/freedman.htm, https://lichtinsdunkel.blogspot.de/2008/10benjamin-freedman-ein-insider-war[n]t.html(Ausschnitt), http://lupo-cattivo.blogspot.de/2010/01/aus-einer-rede-benjamin-h-freedman-im.html, „Die wahren Hintergründe über den Ersten Weltkrieg. Benjamin Freedman über die Hintergründe des Ersten Weltkriegs“, in: Daniel Prinz, Wenn das die Menschheit wüsste … Wir stehen vor den größten Enthüllungen aller Zeiten! Fichtenau, 3. Aufl. 2019, S. 32.667.

„England hatte das gleiche Recht, irgend jemandem Palästina zu versprechen, wie Amerika das Recht hätte, den Iren – aus welchen Gründen auch immer – Japan zu versprechen. Es war absolut absurd, dass Großbritannien, das keine Interessen und auch keine Verbindungen zu Palästina hatte, dieses Land als Preis für den Kriegseintritt der USA den Zionisten zu bezahlen [hatte]. Dennoch gaben sie dieses Versprechen im Oktober 1916.“[44]

„Kurz darauf – ich weiß nicht, wie viele sich noch daran erinnern – traten die USA, die bis dahin fast vollständig pro-deutsch waren, als Verbündete Großbritanniens in den Krieg ein. Bis dahin waren die Vereinigten Staaten pro-deutsch, weil die Zeitungen unter jüdischer Kontrolle waren, die Bankiers waren Juden, die Massenmedien in diesem Land waren unter jüdischer Kontrolle und die Juden selbst waren pro-deutsch, weil viele von ihnen aus Deutschland kamen. Sie wollten,

[44] https://archive.org/details/BenjaminFreedman-WillardHotelSpeech1961FromOriginalLps, www.sweetliberty.org/issues/israel/freedman.htm, https://lichtinsdunkel.blogspot.de/2008/10benjamin-freedman-ein-insider-war[n]t.html(Ausschnitt), http://lupo-cattivo.blogspot.de/2010/01/aus-einer-rede-benjamin-h-freedman-im.html, „Die wahren Hintergründe über den Ersten Weltkrieg. Benjamin Freedman über die Hintergründe des Ersten Weltkriegs“, in: Daniel Prinz, Wenn das die Menschheit wüsste ... Wir stehen vor den größten Enthüllungen aller Zeiten! Fichtenau, 3. Aufl. 2019, S. 32.667.

dass Deutschland den Zaren besiegt. Die Juden hassten den Zaren, sie wollten nicht, dass Russland den Krieg gewinnt.“[45]

„Diese jüdischen Bankiers – deutsche Juden – wie Kuhn-Loeb und andere Großbanken, weigerten sich, England und Frankreich auch nur mit einem Dollar zu unterstützen. Sie sagten: `So lange England und Frankreich Verbündete Russlands sind, gibt es nicht einen Cent!´ Aber sie pumpten Geld nach Deutschland, sie kämpften an Deutschlands Seite gegen den Zar, um das zaristische Regime zu brechen.“[46]

„Doch diese gleichen Juden ließen sich plötzlich auf einen Handel mit England ein, als sie die Möglichkeit sahen, Palästina zu bekommen. Auf einmal veränderte sich in den USA alles, wie eine Ampel, die von rot auf grün schaltet. Alle Zeitungen, die bis eben noch pro-deutsch waren,

---

[45] https://archive.org/details/BenjaminFreedman-WillardHotelSpeech1961FromOriginalLps, www.sweetliberty.org/issues/israel/freedman.htm, https://lichtinsdunkel.blogspot.de/2008/10benjamin-freedman-ein-insider-war[n]t.html(Ausschnitt), http://lupo-cattivo.blogspot.de/2010/01/aus-einer-rede-benjamin-h-freedman-im.html, „Die wahren Hintergründe über den Ersten Weltkrieg. Benjamin Freedman über die Hintergründe des Ersten Weltkriegs“, in: Daniel Prinz, Wenn das die Menschheit wüsste ... Wir stehen vor den größten Enthüllungen aller Zeiten! Fichtenau, 3. Aufl. 2019, S. 32f.667.

[46] https://archive.org/details/BenjaminFreedman-WillardHotelSpeech1961FromOriginalLps, www.sweetliberty.org/issues/israel/freedman.htm, https://lichtinsdunkel.blogspot.de/2008/10benjamin-freedman-ein-insider-war[n]t.html(Ausschnitt), http://lupo-cattivo.blogspot.de/2010/01/aus-einer-rede-benjamin-h-freedman-im.html, „Die wahren Hintergründe über den Ersten Weltkrieg. Benjamin Freedman über die Hintergründe des Ersten Weltkriegs“, in: Daniel Prinz, Wenn das die Menschheit wüsste ... Wir stehen vor den größten Enthüllungen aller Zeiten! Fichtenau, 3. Aufl. 2019, S. 33.667.

schwenkten um. Wo diese den Menschen noch erzählten, wie schwer es doch die Deutschen im Kampf gegen die Briten in kommerzieller und anderer Hinsicht hätten, waren die Deutschen plötzlich nicht mehr die Guten. Sie waren von nun an Schurken, Hunnen, würden Rote-Kreuz-Schwestern erschießen und kleinen Babys die Hände abhacken."[47]

„Kurz darauf erklärte Präsident Wilson Deutschland den Krieg. Die Zionisten in London telegrafierten in die USA, zu Richter Brandeis, mit der Aufforderung: `Bearbeiten Sie Präsident Wilson dazu, in den Krieg einzutreten.´ Und das geschah dann auch. Auf diese Weise traten die USA in den Krieg ein."[48]

„Nachdem wir in den Krieg eingetreten waren, gingen die Zionisten nach London und sagten: `Wir haben unseren Teil der Abmachung erfüllt.

[47] https://archive.org/details/BenjaminFreedman-WillardHotelSpeech1961FromOriginalLps, www.sweetliberty.org/issues/israel/freedman.htm, https://lichtinsdunkel.blogspot.de/2008/10benjamin-freedman-ein-insider-war[n]t.html(Ausschnitt), http://lupo-cattivo.blogspot.de/2010/01/aus-einer-rede-benjamin-h-freedman-im.html, „Die wahren Hintergründe über den Ersten Weltkrieg. Benjamin Freedman über die Hintergründe des Ersten Weltkriegs", in: Daniel Prinz, Wenn das die Menschheit wüsste ... Wir stehen vor den größten Enthüllungen aller Zeiten! Fichtenau, 3. Aufl. 2019, S. 33.667.

[48] https://archive.org/details/BenjaminFreedman-WillardHotelSpeech1961FromOriginalLps, www.sweetliberty.org/issues/israel/freedman.htm, https://lichtinsdunkel.blogspot.de/2008/10benjamin-freedman-ein-insider-war[n]t.html(Ausschnitt), http://lupo-cattivo.blogspot.de/2010/01/aus-einer-rede-benjamin-h-freedman-im.html, „Die wahren Hintergründe über den Ersten Weltkrieg. Benjamin Freedman über die Hintergründe des Ersten Weltkriegs", in: Daniel Prinz, Wenn das die Menschheit wüsste ... Wir stehen vor den größten Enthüllungen aller Zeiten! Fichtenau, 3. Aufl. 2019, S. 33.667.

Gebt uns etwas Schriftliches, das uns zeigt, dass Ihr Euren Teil der Abmachung einhaltet und wir Palästina bekommen, nachdem Ihr den Krieg gewonnen habt.´ Da sie [die Zionisten] nicht wussten, ob der Krieg noch ein oder noch weitere 10 Jahre dauern würde, wurde ein Schriftstück in Form eines Briefes verfasst. Dieses Schriftstück wurde die `Baldur-Deklaration´ genannt. Die Balfour-Deklaration war nichts anderes als das Versprechen Englands, den Zionisten das zu zahlen, worauf sich beide für den herbeigeführten Kriegseintritt der USA geeinigt hatten.“[49]

„Dieser Ausschnitt aus seiner Rede hat es schon in sich. Freedmans Aussagen fügen sich nahtlos an jene an, die Max Nordan vom Zionistenkongress bereits 1903 tätigte, als England den Zionisten das Land Uganda versprochen hatte. Die *Balfour-Deklaration* wurde nach dem damaligen britischen Außenminister Arthur James Balfour benannt.

---

[49] https://archive.org/details/BenjaminFreedman-WillardHotelSpeech1961FromOriginalLps, www.sweetliberty.org/issues/israel/freedman.htm, https://lichtinsdunkel.blogspot.de/2008/10benjamin-freedman-ein-insider-war[n]t.html(Ausschnitt), http://lupo-cattivo.blogspot.de/2010/01/aus-einer-rede-benjamin-h-freedman-im.html, „Die wahren Hintergründe über den Ersten Weltkrieg. Benjamin Freedman über die Hintergründe des Ersten Weltkriegs“, in: Daniel Prinz, Wenn das die Menschheit wüsste … Wir stehen vor den größten Enthüllungen aller Zeiten! Fichtenau, 3. Aufl. 2019, S. 33.667.

Diese Deklaration schrieb Balfour am 2. November 1917 an Lord Rothschild in Form des folgenden kurzen Briefes:"[50]

„Verehrter Lord Rothschild,

ich bin sehr erfreut, Ihnen im Namen der Regierung Seiner Majestät die folgende Erklärung der Sympathie mit den jüdisch-zionistischen Bestrebungen übermitteln zu können, die dem Kabinett vorgelegt und gebilligt worden ist:

`Die Regierung Seiner Majestät betrachtet mit Wohlwollen die Errichtung einer nationalen Heimstätte für das jüdische Volk in Palästina und wird ihr Bestes tun, die Erreichung dieses Zieles zu erleichtern, wobei, wohlverstanden, nichts geschehen soll, was die bürgerlichen und religiösen Rechte der bestehenden nicht-jüdischen Gemeinschaften in Palästina oder die Rechte und den politischen Status der Juden in anderen Ländern in Frage stellen könnte.´

Ich wäre Ihnen dankbar, wenn Sie diese Erklärung zur Kenntnis der Zionistischen Vereinigung bringen würden.

---

50 https://de.wikipedia.org/wiki/Balfour-Deklaration, „Die wahren Hintergründe über den Ersten Weltkrieg. Benjamin Freedman über die Hintergründe des Ersten Weltkriegs", in: Daniel Prinz, Wenn das die Menschheit wüsste … Wir stehen vor den größten Enthüllungen aller Zeiten! Fichtenau, 3. Aufl. 2019, S. 33.667.

Ihr ergebener Arthur Balfour“[51]

„Nach diesen Informationen stellten sich mir zwei grundlegende Fragen. Die erste Frage war, warum der Brief ausgerechnet an Lord Rothschild adressiert war und nicht an Chaim Weizmann, welcher zu diesem Zeitpunkt eigentlich der Vorsitzende der englischen Zionistenvereinigung war? Eine plausible Antwort könnte uns der deutsch-amerikanische Historiker F. William Engdahl in seinem Buch `Mit der Ölwaffe zur Weltmacht´ bringen, der herausfand, dass es zum einen finanzielle Mittel von Rothschild waren, die die Gründung dieser Zionistenvereinigung erst ermöglicht hatten, und zum anderen **finanzierte Rothschild die Auswanderung russischer und polnischer Juden über eine jüdische Kolonisierungsgesellschaft, bei der er Vorsitzender bis zu seinem Lebensende war**.“ [52]

„Für Rothschild war es also ein dickes Geschäft, um sein ohnehin schon unüberschaubares Vermögen noch weiter aufzustocken. Dabei spielte

[51] https://de.wikipedia.org/wiki/Balfour-Deklaration, „Die wahren Hintergründe über den Ersten Weltkrieg. Benjamin Freedman über die Hintergründe des Ersten Weltkriegs“, in: Daniel Prinz, Wenn das die Menschheit wüsste … Wir stehen vor den größten Enthüllungen aller Zeiten! Fichtenau, 3. Aufl. 2019, S. 33f.667.

[52] F. Wiliam Engdahl, „Mit der Ölwaffe zur Weltmach[t]“, Kopp Verlag, S. 68f., „Die wahren Hintergründe über den Ersten Weltkrieg. Benjamin Freedman über die Hintergründe des Ersten Weltkriegs“, in: Daniel Prinz, Wenn das die Menschheit wüsste … Wir stehen vor den größten Enthüllungen aller Zeiten! Fichtenau, 3. Aufl. 2019, S. 34.667.

es moralisch anscheinend überhaupt keine Rolle, die jüdischen Bevölkerungen zu entwurzeln und wie Handelswaren hin und her zu schachern – etwas, was Strippenzieher der Macht auch nach den Weltkriegen immer wieder gern erneut in Gang setzten; insbesondere heute mit der Migrantenflutung Europas.“ [53]

„Die andere berechtigte Frage, die sich mir stellte, war: Warum ist es nun gerade Palästina geworden und nicht Uganda oder die französische Insel Madagaskar, welches die Reichsregierung ursprünglich zur Massenauswanderung – laut der *Jewish Virtual Library* – in Betracht zog?“ [54]

„Der Gründer und langjährige Präsident des *Jüdischen Weltkongresses*, Nahum Goldman, offenbarte 1947 in Montreal dazu Folgendes:

`Die Juden hätten Uganda, Madagaskar und andere Orte zur Errichtung einer jüdischen Heimstatt haben können, wollten aber absolut nichts

[53] „Die wahren Hintergründe über den Ersten Weltkrieg. Benjamin Freedman über die Hintergründe des Ersten Weltkriegs“, in: Daniel Prinz, Wenn das die Menschheit wüsste ... Wir stehen vor den größten Enthüllungen aller Zeiten! Fichtenau, 3. Aufl. 2019, S. 34.

[54] www.jewishvirtuallibrary.org/the-madagascar-plan-2, Gerard Menuhin, „Wahrheit sagen, Teufel jagen“ 2. Überarbeitete Auflage, S. 92, „Die wahren Hintergründe über den Ersten Weltkrieg. Benjamin Freedman über die Hintergründe des Ersten Weltkriegs“, in: Daniel Prinz, Wenn das die Menschheit wüsste ... Wir stehen vor den größten Enthüllungen aller Zeiten! Fichtenau, 3. Aufl. 2019, S. 34.667f.

anderes als Palästina; nicht weil das Wasser des Toten Meeres durch Verdampfung Metalloide und pulverisierte Metalle im Wert von fünf Milliarde Dollar erzeugen könnte; nicht weil unter dem Boden Palästinas zwanzig mal mehr Erdöl liegen könnte als die vereinigten Reserven Nord- und Südamerikas, sondern weil Palästina am Kreuzweg zwischen Europa, Asien und Afrika liegt, weil Palästina das wahre Zentrum der weltweiten politischen Macht darstellt, das strategische militärische Zentrum zur Kontrolle der Welt.“[55]

„Auch William Engdahl kommt zu ähnlichen Erkenntnissen, wenn er schreibt, dass die geographische Lage des Landes strategisch eine sehr wichtige Rolle spielt. Zum einen gibt es hier die Seeverbindung nach Indien, zum anderen hat Palästina eine besondere Stellung zwischen den der Türkei abgenommenen erdölreichen Ländern des Nahen Ostens.“ [56]

---

[55] Gerard Menuhin, „Wahrheit sagen, Teufel jagen“ 2. Überarbeitete Auflage, S. 93, SAH Haqqi, „West Asia Since Camp David“, Mittal Publications, S. 14, „Die wahren Hintergründe über den Ersten Weltkrieg. Benjamin Freedman über die Hintergründe des Ersten Weltkriegs“, in: Daniel Prinz, Wenn das die Menschheit wüsste ... Wir stehen vor den größten Enthüllungen aller Zeiten! Fichtenau, 3. Aufl. 2019, S. 34.667.

[56] Wiliam Engdahl, „Mit der Ölwaffe zur Weltmach[t]“, Kopp Verlag, S. 69, „Die wahren Hintergründe über den Ersten Weltkrieg. Benjamin Freedman über die Hintergründe des Ersten Weltkriegs“, in: Daniel Prinz, Wenn das die Menschheit wüsste ... Wir stehen vor den größten Enthüllungen aller Zeiten! Fichtenau, 3. Aufl. 2019, S. 35.667.

„Halford Mackinder, ein britischer Geograph, Mitbegründer der *London School of Economics* und Erfinder der sogenannten `Geopolitik´, reiht sich hier bestätigend ein, als er sich zur Wahl Palästinas wie folgt äußerte:

`Wenn die Weltinsel unweigerlich der Hauptsitz der Menschheit auf diesem Erdball ist und wenn Arabien als Durchgangsland zwischen Europa und Indien und zwischen dem nördlichen und südlichen Herzland der Weltinsel zentrale Bedeutung hat, dann kommt der Zitadelle auf den Hügeln Jerusalems im Hinblick auf die große Politik eine strategisch wichtige Position zu. Sie unterscheidet sich nicht wesentlich von der idealen Lage Jerusalems im Mittelalter oder seiner strategischen Position in der Antike zwischen Babylon und Ägypten. Der Suezkanal führt den umfangreichen Verkehr zwischen Europa und Indien und liegt in unmittelbarer Reichweite einer in Palästina stationierten Armee. Schon wird in der Ebene von Jaffa an der Eisenbahnverbindung zwischen dem südlichen und dem nördlichen Herzland gebaut.´“[57]

„Mackinder, für dessen Expertise die Denkfabrik *Royal Institute of International Affairs* gegründet wurde, entwickelte zudem die

[57] Wiliam Engdahl, „Mit der Ölwaffe zur Weltmach[t]“, Kopp Verlag, S. 70, „Die wahren Hintergründe über den Ersten Weltkrieg. Benjamin Freedman über die Hintergründe des Ersten Weltkriegs“, in: Daniel Prinz, Wenn das die Menschheit wüsste … Wir stehen vor den größten Enthüllungen aller Zeiten! Fichtenau, 3. Aufl. 2019, S. 35.667.

Anschauung vom `Herzland´ und der `Weltinsel´. Osteuropa und Russland bildeten nach seiner Theorie das `Herzland´, wohingegen Eurasien die `Weltinsel´ darstellen sollte. So ist seine vorige Aussage dahingehend zu verstehen, dass Osteuropa und Eurasien die Schlüssel zur Herrschaft über die Welt darstellen. Dies hat er auch nach dem Ersten Weltkrieg dann unumwunden noch einmal knapp auf den Punkt gebracht:

`Wer Osteuropa beherrscht, der beherrscht das Herzland; wer das Herzland beherrscht, der beherrscht die Weltinsel; wer die Weltinsel beherrscht, der beherrscht die Welt.´“[58]

„Für solch offene Worte führender Zionisten und ihrer Marionetten sowie Überläufern wie Freedman können wir nur dankbar sein, schließlich öffnen sie uns allen die Augen für die Wahrheit.“ [59]

---

[58] Wiliam Engdahl, „Mit der Ölwaffe zur Weltmach[t]“, Kopp Verlag, S. 70f., „Die wahren Hintergründe über den Ersten Weltkrieg. Benjamin Freedman über die Hintergründe des Ersten Weltkriegs“, in: Daniel Prinz, Wenn das die Menschheit wüsste … Wir stehen vor den größten Enthüllungen aller Zeiten! Fichtenau, 3. Aufl. 2019, S. 35.667.

[59] „Die wahren Hintergründe über den Ersten Weltkrieg. Benjamin Freedman über die Hintergründe des Ersten Weltkriegs“, in: Daniel Prinz, Wenn das die Menschheit wüsste … Wir stehen vor den größten Enthüllungen aller Zeiten! Fichtenau, 3. Aufl. 2019, S. 35.

VI. Versailles:

„US-Präsident Woodrow Wilson hielt am 8. Januar 1918 vor dem US-Kongress eine Rede, auf der er ein 14-Punkte-Programm zur Einleitung des Friedens mit den Deutschen vorschlug. Neun dieser 14 Punkte sollten für das Deutsche Reich von Bedeutung sein:

1. Offene und öffentlich abgeschlossene Friedensverträge. Geheime Abmachungen sollen verboten sein.
2. Uneingeschränkte Freiheit der Meere, sowohl im Krieg als auch zu Friedenszeiten. Ausgenommen hiervon waren Meere, die durch internationale Verträge gesperrt werden (z.B. die arktischen und antarktischen Gewässer?; A.d.V.)
3. Gegenseitige Bürgschaften für Rüstungsbeschränkungen der Nationen.
4. Freier und unparteiischer Ausgleich aller kolonialen Ansprüche.
5. Die Räumung des ganzen russischen Gebietes durch Deutschland und Österreich-Ungarn.
6. Die Räumung und Wiederherstellung Belgiens.
7. Die Räumung des ganzen französischen Gebiets, inkl. der Rückgabe von Elsaß-Lothringen an Frankreich.

8. Ein unabhängiger polnischer Staat sollte errichtet werden, mit freiem und sicherem Zugang zur See.
9. Die Gründung eines allgemeinen Verbands der Nationen (Völkerbund)." [60]

„Wilsons Friedensvorschlag endet mit folgender Aussage:

`Wir sind nicht eifersüchtig auf die deutsche Größe und es ist nichts in diesem Programm, das sie verringert. (...) Wir wünschen nicht, Deutschland zu verletzen oder in irgendeiner Weise seinen berechtigten Einfluss oder seine Macht zu hemmen. (...) Wir wollen Deutschland nicht bekämpfen, weder mit Waffen noch mit feindlichen Handelsmethoden, wenn es bereit ist, sich uns und den anderen friedliebenden Nationen in Verträgen der Gerechtigkeit, des Rechts und der Fairness anzuschließen. Wir wünschen nur, dass Deutschland einen Platz der Gleichberechtigung unter den Völkern einnimmt, statt eines Platzes der Vorherrschaft. (...)´" [61]

---

[60] https://de.wikipedia.org/wiki/14-Punkte-Prgramm, Gerd Schultze-Rhonhof, „1939 Der Krieg, der viele Väter hatte", OLZOG 2. Auflage, S. 59, „Die wahren Hintergründe über den Ersten Weltkrieg. Der Vertrag von Versailles – die Ausblutung Deutschlands", in: Daniel Prinz, Wenn das die Menschheit wüsste ... Wir stehen vor den größten Enthüllungen aller Zeiten! Fichtenau, 3. Aufl. 2019, S. 35f.667.

[61] Gerd Schultze-Rhonhof, „1939 Der Krieg, der viele Väter hatte", OLZOG 2. Auflage, S. 59, „Die wahren Hintergründe über den Ersten Weltkrieg. Der Vertrag von Versailles – die Ausblutung Deutschlands", in: Daniel Prinz, Wenn das die Menschheit wüsste ... Wir stehen vor den größten Enthüllungen aller Zeiten! Fichtenau, 3. Aufl. 2019, S. 36.667.

„Wie sich aus seiner Aussage schon indirekt erahnen lässt, sollte es nicht bei diesen Bedingungen bleiben. In zwei weiteren Briefen stellte Wilson immer weitere Forderungen an die Reichsregierung, die diese auch jedes Mal akzeptierte. Des Weiteren hätte sich Deutschland zu ergeben, wenn sie keine gewählten Volksvertreter zu den Verhandlungen nach Versailles entsenden würde. Auch dieser Forderung kam Deutschland nach, was am Ende jedoch keine Bedeutung hat. Trotz aller eingehaltenen Bedingungen musste sich das Deutsche Reich ergeben.“ [62]

„Der 14-Punkte-Plan entpuppte sich letzten Endes als Täuschungsmanöver, um die Deutschen nicht nur zur Kapitulation zu zwingen, sondern um sie für die anstehenden `Friedensverhandlungen´ durch das Fordern von weiteren Bedingungen (z.B. die Ablieferung von großen Mengen an Eisenbahnzügen, Lastwagen und Kriegsmaterial, einseitige Freilassungen von Kriegsgefangenen) weitestgehend handlungs- und verhandlungsunfähig zu machen.“ [63]

---

[62] „Die wahren Hintergründe über den Ersten Weltkrieg. Der Vertrag von Versailles – die Ausblutung Deutschlands“, in: Daniel Prinz, Wenn das die Menschheit wüsste ... Wir stehen vor den größten Enthüllungen aller Zeiten! Fichtenau, 3. Aufl. 2019, S. 36.

[63] Gerd Schultze-Rhonhof, „1939 Der Krieg, der viele Väter hatte“, OLZOG 2. Auflage, S. 59, „Die wahren Hintergründe über den Ersten Weltkrieg. Der Vertrag von Versailles – die Ausblutung Deutschlands“, in: Daniel Prinz, Wenn das die Menschheit wüsste ... Wir stehen vor den größten Enthüllungen aller Zeiten! Fichtenau, 3. Aufl. 2019, S. 36.667.

„Was dann folgte, war kein Friedensvertrag, sondern ein aufgezwungenes Diktat, wovon sich Deutschland noch die nächsten 100 Jahre nicht erholen sollte. Aufgrund des `Kriegsschuldartikels´ 231 des Versailler Diktats musste Deutschland bekanntlich die Alleinschuld am Ersten Weltkrieg übernehmen und damit einhergehend sämtliche entstandene Kriegskosten der Siegermächte erstatten. Die Gesamthöhe der zu zahlenden Reparationen soll sich bis 1988 auf 112 Milliarden Goldmark belaufen haben.“ [64]

„Von diesen Reparationszahlungen wiederum wollten England und Frankreich ihre eigenen Kriegsschulden bei den US-amerikanischen Banken begleichen. Die Bestimmungen von Versailles legten zudem u.a. folgende Auflagen für Deutschland fest:

- Eine große Anzahl an Abtretungen deutscher Gebiete, z.B. Elsaß-Lothringen an Frankreich; Posen und Westpreußen sowie Oberschlesien an Polen; Memelland an den Völkerbund; Nordschleswig an Dänemark; Gebietsabtretungen an Belgien; Danzig als Freistaat gelangte unter die Hoheit des Völerbundes; das Saargebiet ging für die nächsten 15 Jahre an Frankreich.

[64] www.dhm.de/lemo/kapitel/weimarer-republik/aussenpolitik/reparationen, „Die wahren Hintergründe über den Ersten Weltkrieg. Der Vertrag von Versailles – die Ausblutung Deutschlands“, in: Daniel Prinz, Wenn das die Menschheit wüsste … Wir stehen vor den größten Enthüllungen aller Zeiten! Fichtenau, 3. Aufl. 2019, S. 36.667.

- Verbot des Anschlusses Rest-Österreichs an das Deutsche Reich
- Verlust der Kolonien an England, Frankreich, Belgien und Japan
- Verlust der Hoheit über eigene Binnengewässer und Verlust der eigenen Lufthoheit
- Begrenzung der eigenen Streitkräfte auf max. 100.000 Soldaten im Heer und max. 15.000 in der Marine
- Ablieferung der Goldreserven sowie des größten Teils der Handelsflotte an die Alliierten
- Aushändigung: des größten Teils der Erz- und Kohleförderung; der Kalk-, Zement- und Benzinproduktion; großer Teil an Nutzvieh und Landwirtschaftsmaschinen; 150.000 Eisenbahnwaggons sowie Lokomotiven und Lastkraftwagen
- Konfiszierung von Industriepatenten und deutschen privaten Auslandsvermögen“ [65]

„An dieser Stelle kann Benjamin Freedman in seiner Rede von 1961 mit noch einem weiteren wichtigen Detail aufwarten:

`Nach Kriegsende kam es 1919 zur Versailler Friedenskonferenz. Auf dieser Konferenz nahm auch eine Delegation von insgesamt 117 Juden

[65] Gerd Schultze-Rhonhof, „1939 Der Krieg, der viele Väter hatte“, OLZOG 2. Auflage, S. 63f., „Die wahren Hintergründe über den Ersten Weltkrieg. Der Vertrag von Versailles – die Ausblutung Deutschlands“, in: Daniel Prinz, Wenn das die Menschheit wüsste … Wir stehen vor den größten Enthüllungen aller Zeiten! Fichtenau, 3. Aufl. 2019, S. 36f.667.

teil, als Vertretung für die Juden, welche von Bernard Baruch angeführt wurde. Ich sollte es wissen, denn ich war vor Ort. Was ist geschehen? Als die Juden auf dieser Konferenz gerade dabei waren, Deutschland zu zerstückeln und Teile Europas an jene Nationen auszuteilen, die Ansprüche an europäische Territorien erhoben, sagten die Juden: `Wie schaut es aus mit Palästina für uns?´ Und sie brachten dann diese Balfour-Deklaration hervor, wovon die Deutschen das erste Mal erfuhren. Die Deutschen begriffen nun zum ersten Mal: `Oh, das war also das Spiel! Das ist also der Grund, warum die USA in den Krieg zogen.´ Die Deutschen erkannten zum ersten Mal, dass sie nur deswegen besiegt worden waren, weil die Zionisten um jeden Preis Palästina besitzen wollten. Die Deutschen mussten diese Schmach und irrsinnige Reparationszahlungen nur aus diesem einen Grund erdulden. Das bringt uns zu einer anderen interessanten Sache. Als die Deutschen das erkannten, nahmen sie es den Juden verständlicherweise übel. Bis zu dem Zeitpunkt ging es den Juden in keinem Land der Welt besser als in Deutschland.´“ [66]

---

[66] https://archive.org/details/BenjaminFreedman-WillardHotelSpeech1961FromOriginalLps, www.sweetliberty.org/issues/israel/freedman.htm, https://lichtinsdunkel.blogspot.de/2008/10benjamin-freedman-ein-insider-war[n]t.html(Ausschnitt), http://lupo-cattivo.blogspot.de/2010/01/aus-einer-rede-benjamin-h-freedman-im.html, „Die wahren Hintergründe über den Ersten Weltkrieg. Der Vertrag von Versailles – die Ausblutung Deutschlands“, in: Daniel Prinz, Wenn das die Menschheit wüsste ... Wir stehen vor den größten Enthüllungen aller Zeiten! Fichtenau, 3. Aufl. 2019, S. 37.667.

„Als wenn das noch nicht genug war, wurde das Deutsche Volk in einer Mantelnote des Versailler Vertrags (den die wenigsten Deutschen überhaupt kennen) regelrecht beschimpft und als unzivilisiert diskreditiert. Hier auszugsweise:

'Nach Ansicht der alliierten und assoziierten Mächte war der Krieg, der am 1. August 1914 zum Ausbruch kam, das größte Verbrechen gegen die Menschheit und gegen die Freiheit der Völker, das eine sich für zivilisiert ausgebende Nation jemals mit Bewusstsein begangen hat. Während langer Jahre haben die Regierenden in Deutschland getreu der preußischen Tradition die Vorherrschaft in Europa angestrebt. (...) Das Verhalten Deutschlands ist in der Geschichte der Menschheit fast beispiellos. Die furchtbare Verantwortung, die auf ihm lastet, lässt sich in der Tatsache zusammenfassen, dass wenigstens sieben Millionen Tote in Europa begraben liegen, (...) Darum haben die alliierten und assoziierten Mächte nachdrücklich erklärt, dass Deutschland als grundlegende Bedingung des Vertrags ein Werk der Wiedergutmachung bis zur äußersten Grenze seiner Leistungsfähigkeit vollbringen muss. (...)'"[67]

[67] Gerd Schultze-Rhonhof, „1939 Der Krieg, der viele Väter hatte", OLZOG 2. Auflage, S. 65f., „Die wahren Hintergründe über den Ersten Weltkrieg. Der Vertrag von Versailles – die Ausblutung Deutschlands", in: Daniel Prinz, Wenn das die Menschheit wüsste ... Wir stehen vor den größten Enthüllungen aller Zeiten! Fichtenau, 3. Aufl. 2019, S. 37f.667.

„So wurden die Deutschen einerseits von US-Präsident Wilson und den Zionisten komplett über den Tisch gezogen und mussten sich bei den `Verhandlungen´ in Versailles auch noch in ihrer Ehre kränken lassen. Vor dem Hintergrund, dass es schließlich die Zionisten und Geheimbünde waren, die den Krieg Jahrzehnte im Voraus planten und in Gang setzten, sind die aufgezwungenen Forderungen aus dem Versailler Diktat der höchste Gipfel an Frechheit und Bösartigkeit sowie Demütigung, den es bis dato in unserer jüngeren Geschichte in dieser Form nicht gegeben hatte.“ [68]

„Jetzt könnte man natürlich fragen, warum die Deutschen damals diesen Vertrag in Versailles überhaupt unterschrieben haben? Nun, sie hatten kaum eine Wahl. Denn England drohte bei Verweigerung der Unterschrift, seine Blockade der deutschen Häfen zwecks Einfuhr von Nahrungsmitteln und Rohstoffen nach Deutschland und Österreich-Ungarn fortzusetzen. Waren aufgrund dieser Blockade bis zum März des Jahres 1919 rund eine Million Menschen in Deutschland und Österreich

[68] „Die wahren Hintergründe über den Ersten Weltkrieg. Der Vertrag von Versailles – die Ausblutung Deutschlands“, in: Daniel Prinz, Wenn das die Menschheit wüsste … Wir stehen vor den größten Enthüllungen aller Zeiten! Fichtenau, 3. Aufl. 2019, S. 38.

bereits verhungert, wollte man eine weitere Verschlimmerung im Lande unbedingt verhindern.“ [69]

„Dieser `Friedens´-Vertrag, sorgte in der Weimarer Republik dann für Hunger und Armut und ca. sechs Millionen Arbeitslose bis Ende 1932. [70] Eine regelrechte Depression mit extrem hoher Inflation setzte im Land ein und mit ca. 32 politischen Parteien, die keinen wirklichen Plan oder irgendwelche Lösungen für die Misere parat hatten. Es gab mehrfache Regierungswechsel pro Jahr, so desolat war die Lage. Genau das war aber gewollt, damit die Hintergrundmächte die nächste Stufe ihres Welterorberungsplans vorbereiten und durchführen konnten. Denn die Misere in der Weimarer Republik sollte den Nährboden für all das vorbereiten, was dann danach kam.“ [71]

---

[69] Gerd Schultze-Rhonhof, „1939 Der Krieg, der viele Väter hatte“, OLZOG 2. Auflage, S. 65, „Die wahren Hintergründe über den Ersten Weltkrieg. Der Vertrag von Versailles – die Ausblutung Deutschlands“, in: Daniel Prinz, Wenn das die Menschheit wüsste ... Wir stehen vor den größten Enthüllungen aller Zeiten! Fichtenau, 3. Aufl. 2019, S. 38.667.

[70] www.historisches-lexikon-bayerns.de/Lexikon/Arbeitslosigkeit_(Weimarer_Republik) .

[71] „Die wahren Hintergründe über den Ersten Weltkrieg. Der Vertrag von Versailles – die Ausblutung Deutschlands“, in: Daniel Prinz, Wenn das die Menschheit wüsste ... Wir stehen vor den größten Enthüllungen aller Zeiten! Fichtenau, 3. Aufl. 2019, S. 38.

VII. **Ausklang:**

„`Dieser Friede

ist ein langsamer Mord

des deutschen Volkes.´[72]

Reichsjustizminister

Otto Landsberg (SPD),

einer der deutschen Delegierten in Versailles“ [73]

---

[72] Gerd Schultze-Rhonhof, „1939 Der Krieg, der viele Väter hatte“, OLZOG 2. Auflage, S. 67ff.

[73] „Die wahren Hintergründe über den Ersten Weltkrieg. Der Vertrag von Versailles – die Ausblutung Deutschlands“, in: Daniel Prinz, Wenn das die Menschheit wüsste ... Wir stehen vor den größten Enthüllungen aller Zeiten! Fichtenau, 3. Aufl. 2019, S. 39.

„`Der Eindruck,

den der Friedensvertrag macht,

ist enttäuschend.

Er weckt Bedauern und Niedergeschlagenheit.

Die Friedensbedingungen erscheinen unsagbar hart und demütigend,

während viele von ihnen mir unerfüllbar erscheinen.

Es mag Jahre dauern, bis diese unterdrückten Völker imstande sind,

ihr Joch abzuschütteln,

aber so gewiss wie die Nacht auf den Tag folgt,

wird die Zeit kommen,

da sie den Versuch wagen.

Wir haben einen Friedensvertrag,

aber er wird keinen dauernden Frieden bringen,

weil er auf dem Treibsand des Eigennutzes begründet ist.´[74]

Staatssekretär Lansing,

einer der US-amerikanischen Delegierten in Versailles"[75]

[74] Gerd Schultze-Rhonhof, „1939 Der Krieg, der viele Väter hatte", OLZOG 2. Auflage, S. 67ff.

[75] „Die wahren Hintergründe über den Ersten Weltkrieg. Der Vertrag von Versailles – die Ausblutung Deutschlands", in: Daniel Prinz, Wenn das die Menschheit wüsste … Wir stehen vor den größten Enthüllungen aller Zeiten! Fichtenau, 3. Aufl. 2019, S. 39.

„`Ungerechtigkeit und Anmaßung,

ausgespielt in der Stunde des Triumphes,

werden nie vergeben und vergessen werden.

Aus diesem Grunde

bin ich auf das schärfste dagegen,

mehr Deutsche als unerlässlich nötig

der deutschen Herrschaft zu entziehen,

um sie einer anderen Nation zu unterstellen.

Ich kann kaum eine stärkere Ursache

für einen künftigen Krieg erblicken (...)´[76]

[76] Gerd Schultze-Rhonhof, „1939 Der Krieg, der viele Väter hatte", OLZOG 2. Auflage, S. 67ff.

Englischer Premierminister

Lloyd George

in einer Denkschrift

vom 26. März 1919“ [77]

[77] „Die wahren Hintergründe über den Ersten Weltkrieg. Der Vertrag von Versailles – die Ausblutung Deutschlands“, in: Daniel Prinz, Wenn das die Menschheit wüsste … Wir stehen vor den größten Enthüllungen aller Zeiten! Fichtenau, 3. Aufl. 2019, S. 39.

„`Die Geburtsstätte

der nationalistischen Bewegung

ist nicht München,

sondern Versailles.´[78]

Theodor Heuss

(erster Bundespräsident der BRD)“[79]

[78] Theodor Heuss, „Hitlers Weg“. 1932.

[79] „Die wahren Hintergründe über den Ersten Weltkrieg. Der Vertrag von Versailles – die Ausblutung Deutschlands“, in: Daniel Prinz, Wenn das die Menschheit wüsste … Wir stehen vor den größten Enthüllungen aller Zeiten! Fichtenau, 3. Aufl. 2019, S. 39.

„Die nicht rechtzeitige Revision des Versailler Vertrages

wird in mehr oder minder naher Zukunft

Europa wieder in einen Krieg hineinziehen,

dessen Krönung

die bolschewistische Weltrevolution sein wird.‘[80]

Gustave Hervé

(französischer Politiker),

1931“[81]

[80] Edwin Hennig, „Zeitgeschichtliche Aufdeckungen“, Türmer Verlag, S. 39.

[81] „Die wahren Hintergründe über den Ersten Weltkrieg. Der Vertrag von Versailles – die Ausblutung Deutschlands“, in: Daniel Prinz, Wenn das die Menschheit wüsste ... Wir stehen vor den größten Enthüllungen aller Zeiten! Fichtenau, 3. Aufl. 2019, S. 39.

„`Alles, was in den vier Jahres des [Erstem] Weltkrieges geschah,

war nur ein Vorspiel zu dem,

was sich für das fünfte Jahr vorbereitete.

Die Schlacht des Jahres 1919

hätte ein riesiges Anwachsen der zerstörenden Kräfte gesehen.

(...)

Die Schlacht von 1919 wurde nie geschlagen,

aber ihre Ideen leben weiter.

(...)

Der Tod steht in Bereitschaft.

(...)

Er wartet nur auf das befehlende Wort.

(...)

Das nächste Mal mag man darum wetteifern,

Frauen und Kinder oder die Zivilbevölkerung überhaupt zu töten, und die Siegesgöttin wird sich zuletzt jämmerlich

mit demjenigen dienstbeflissenen Helden vermählen,

der dies in gewaltigstem Ausmaß

zu organisieren versteht.´[82]

Winston Churchill

zum Ersten Weltkrieg,

1932“[83]

---

[82] www.luftkrieg-ueber-europa.de/luftangriffe-1945-wieso-ausgerechnet-dresden/

[83] „Die wahren Hintergründe über den Ersten Weltkrieg. Der Vertrag von Versailles – die Ausblutung Deutschlands“, in: Daniel Prinz, Wenn das die Menschheit wüsste ... Wir stehen vor den größten Enthüllungen aller Zeiten! Fichtenau, 3. Aufl. 2019, S. 39.

Printed by Books on Demand GmbH, Norderstedt / Germany